U0578231

文字里行间的温度，重回手写的初心

儿童书法进阶学堂

九成宫醴泉铭

大麓书院 编著

享受单纯的书写
体验运笔流畅的美好

北方联合出版传媒(集团)股份有限公司
万卷出版公司

ⓒ 大麓书院 2016

图书在版编目（CIP）数据

九成宫醴泉铭 / 大麓书院编著 . -- 沈阳：万卷出
版公司 , 2016.10
（少儿书法进阶学堂丛书）
ISBN 978-7-5470-4284-7

Ⅰ . ①九… Ⅱ . ①大… Ⅲ . ①毛笔字 – 楷书 – 中小学
– 法帖 Ⅳ . ① G634.955.3

中国版本图书馆 CIP 数据核字 (2016) 第 212296 号

出版发行：北方联合出版传媒（集团）股份有限公司
　　　　　万卷出版公司
　　　　　（地址：沈阳市和平区十一纬路25号　邮编：110003）
印　刷　者：沈阳市精华印刷有限公司
经　销　者：全国新华书店
幅面尺寸：210mm×260mm
字　　数：150千字
印　　张：5.25
出版时间：2016年10月第1版
印刷时间：2016年10月第1次印刷
责任编辑：杨春光
装帧设计：大麓书院
责任校对：王　斌
ISBN 978-7-5470-4284-7
定　　价：25.00元

联系电话：024-23285256
传　　真：024-23284521
E-mail：vpc_tougao@163.com

目 录
CONTENTS

《九成宫醴泉铭》碑额拓片

PART 1
欧阳询与《九成宫醴泉铭》

1. 欧阳询

　　欧阳询（557—641），汉族，唐朝潭州临湘（今湖南长沙）人，字信本，楷书四大家之一。557年出生于衡州（今衡阳），祖籍潭州临湘。欧阳询楷书法度之严谨，笔力之险峻，世无所匹，被称为唐人楷书第一。他与虞世南俱以书法驰名初唐，并称"欧虞"，后人以其书于平正中见险绝，最便初学，号为"欧体"。 欧阳询聪明勤奋，读书数行同尽，少年时就读了很多书籍，尤其喜好书法，几乎达到痴迷的程度。传说一次欧阳询在走路时看到了一块索靖所写的碑，产生极大兴趣，反复观摩，以至于在碑旁待了三天才离去。他的书法融汇百家之长，形成了自己独特的风格。

2.《九成宫醴泉铭》

　　《九成宫醴泉铭》是欧阳询晚年代表之作。铭文记述了唐太宗在九成宫避暑时发现醴泉之事。其书法笔法刚劲婉润，兼有隶意，是欧阳询晚年经意之作，历来为学书者推崇。该书作笔力劲健，点画虽然瘦硬，但神采丰润饱满，向上的挑笔出锋含蓄，带有隶书笔意。字体结构方正端庄，法度严谨，看似平正，实则险劲。字形采用长方形态势，字句、行距都较大。用笔方整，且能于方整中见险绝，字画的安排紧凑、匀称，间架开阔稳健。它的字形偏修长，行笔于险劲之中寻求稳定，尤其在画末重收，笔至画尾便稳稳提起。整体碑文高华浑劲，法度森严，一点一画都成为后世模范，后人学习楷书往往以此碑作为范本。

《九成宫醴泉铭》全本

PART 2
坐姿

1. 书写毛笔字的正确坐姿

写毛笔字正确的姿势很重要。写毛笔字以坐姿为主，一是练二三寸大楷字不需要站着写，二是坐着写省力又利于注意力集中。

正确的坐姿：

两脚平放在地上，腰板挺直，与椅子隔开一点，身体与桌子也要隔开一点。

双手放在桌子上。左手按着纸，右手悬空执笔，头稍稍前倾。

2. 执笔方法

　　执笔的方法在写字时是十分重要的，执笔方法是通过合理地安排手指和拿笔的位置，能够同时发挥腕、肘的作用。

　　拿笔的位置：毛笔的大小长短不一，执笔的高低是根据笔的长度调整的。一般捏住笔管的三分之二处。

　　执笔五指的分布：

　　前人传下来的拿笔方法有多种多样，其中"五指执笔法"最为常用易学。这种执笔法，强调每一个手指都在执笔中发挥作用。

　　具体方法介绍如下：

　　①以拇指和食指将笔杆拿起，即用拇指、食指的第一指节相对捏住笔杆；注意大拇指的第一关节要向外凸起，不要凹下去。

　　②中指并于食指的下面，并向内勾住笔杆，注意也要用第一指节（因为手的第一指节感觉最灵敏、最灵活，应用也最多）。

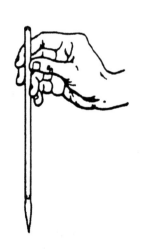

　　③无名指的指背向外抵住笔杆的内侧；

　　④小指跟在无名指后面，两指合力，抵住笔杆，起到了辅助的作用。

三 PART 3 书写工具

　　毛笔书法所用的工具，主要有笔、墨、纸、砚，又称作"文房四宝"。掌握它们的性能，善于使用和保管它们，是很重要的哦！

1. 笔

　　笔的名称，在古代叫法不一。秦代定名为"笔"。从毛笔出现至今，已有五六千年的历史了。

　　笔，按照制作原料与弹性的强弱，大致分为软毫、硬毫和兼毫三类。

　　(1) 软毫笔。是选取弹性、硬度差的动物毛为原料制作的，常用的有"羊毫"。软毫笔质柔软，能多吸收墨汁，锋毫也便于铺开，容易写出丰满的笔画。

　　(2) 硬毫笔。主要是选择硬度和弹性较强的动物毛制成的。常用的有"紫毫"和"狼毫"。硬毫比较刚硬，弹性足，多用于写小楷。

　　(3) 兼毫笔。是选用两种或两种以上弹性不同的动物毛，按一定比例混合配制而成。也是介于软、硬之间的一种中性笔，它的特点是软硬适中，刚柔相济。

笔管

笔毫

笔锋

2. 纸

　　我国是世界上最早发明造纸术的国家。纸的种类很多，性能和用途也不一样。书法、绘画常用"宣纸"。从晋代出现至今，已有一千五六百年的历史。当时以安徽泾县生产的纸质量为最佳。

　　宣纸质地绵韧，纹理细腻，洁白如玉，便于长期保存和收藏，被人们誉为"纸中之王""千年寿纸"。

3. 墨

　　我国的墨与笔、纸一样，也有悠久的历史。新石器时代的人们就已经用墨色作为记载、绘画和装饰的用品了。墨用松烟和油烟制作。

　　现在，我们多用墨汁，节省了许多磨墨的时间，质量也比较优良。

4. 砚

　　又叫砚台或墨海。目前见到最早的砚出自秦代，砚有竹砚、木砚、瓷砚、石砚等很多品种。以石砚为最多。最著名的是"端砚"，另有"歙砚""鲁砚""洮砚"等。石砚质地细密，下墨较快，好的砚石再加上精工雕刻，不仅实用，还是精美的工艺品。

　　石砚用过以后要用清水洗净，砚中要经常贮点清水，以保持湿润。

四 基本运笔方法

笔画可分为基本笔画和由基本笔画变形或组合而成的笔画两大类。楷书中的每一个笔画，都包含起笔、行笔与收笔三个过程。这个过程的具体要求是：

1. 起笔

起笔是中国书法的用笔方法之一，是通常所说笔画的"头"。楷书笔画起笔时的用笔大致可以分为四种，每种用笔会产生不同的起笔效果。

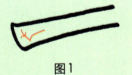

图1

① 顺入笔：指笔尖原地入纸轻轻下按（顿笔），顺势起笔，也称"露锋起笔"。如图1。

图2

② 逆入笔：欲右先左、欲下先上，先逆后顺，也称"藏锋起笔"。笔画起笔呈"圆"形。如图2。

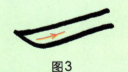

图3

③ 滑入笔：与"顺入笔"相似，入笔速度略快。笔画起笔呈"长尖"形。如图3。

图4

④ 切入笔：笔尖入纸后下切，笔画起笔呈"方"形。如图4。

2. 行笔

　　行笔也是中国书法的用笔方法之一，指笔锋在纸上的运转动作，也称运笔。行笔是起笔之后的用笔动作，就是通常所说的笔画的"身"。楷书笔画行笔时的用笔有"提、按、顿、挫"之别。

图5

　　① 调锋：即调整笔尖的方向，便于控制毛笔继续书写。调锋需注意两点：其一，速度要快；其二，调整至书写者本人认为可以"舒服"向下写的方向即可。如图5。

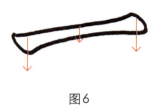

图6

　　② 提按：指笔画书写中上提下按交替，使得在一个笔画中产生轻重粗细的变化。著名书法家沈尹默先生曾讲过："提和按必须随时随处相结合，才按便提，才提便按……如此动作，不得停止。"如图6。

顿挫

图7

　　③ 顿挫：顿有轻重之别，起笔一般微顿，行笔中会出现重顿现象；挫是指在行笔中突然停止，以改变笔画方向的动作。如图7。

正确

错误

图8

　　④ 中锋行笔：中锋即在用笔过程中，笔锋始终保持在笔画的中线上运动，写出的笔画沉着饱满，劲道有力，富于立体感。如图8。

3. 收笔

收笔有轻重缓急的变化，同时，收笔也是一个笔画书写结束与后笔起笔之间有形或无形的联系。

图9

① 顿收：笔画结尾处下顿回带。如图9，点、横的收笔。

图10

② 轻收：笔画结尾处轻顿回带。如图10，竖、小横的收笔。

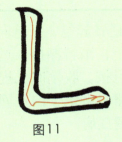

图11

③ 驻收：笔画结尾处稍停顿借力回带。如图11，横、竖弯的收笔。

图12

④ 引带：笔画收笔时借势引带出下一笔起笔。如图12。

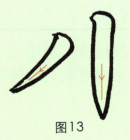

图13

⑤ 出锋：笔画结尾不必回带，顺势减力将笔送出，速度不宜过快。如图13，撇、捺、悬针竖的收笔。

五 PART 5
基本笔画——横

横画在汉字中出现最多，而且很多笔画也都是由"横法"衍生出来的。在字中，横画发挥平横稳定的作用。欧楷中的中横和长横起笔和收笔绝不可以过粗。两头不要形成疙瘩，中间不要过细。笔画要有力度。写小横时回锋，顿笔应该十分精细和小心。凡是横画都要向上略倾斜，也称之为"扛肩"。

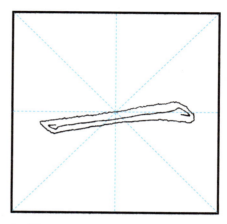

长横：逆锋起笔，折笔向右，中锋行笔，渐行渐提，过中段后且行且按，收笔时先提笔后按笔。略轻顿笔，向左回锋收笔，强调扛肩。

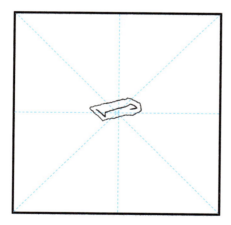

短横：笔法同长横一样，逆锋入笔，行笔不要太长，但是要坚定有力，注意棱角，略微上斜。

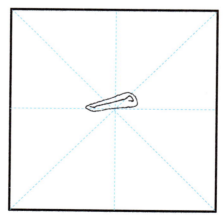

左尖横：逆锋起笔，起笔较轻。行笔向右，收笔要有一个顿笔。

14

古　可

江　誰

非　程

六 PART 6 基本笔画——竖

把横画立起来就是竖画，所以其笔法与横画有很多相似之处，竖画必须写得挺拔有力，整个字才显得美观。竖，从上往下垂直运笔。垂露竖是欧楷典型风格之一。书写竖画时应该注意顿笔，不要出现疙瘩。

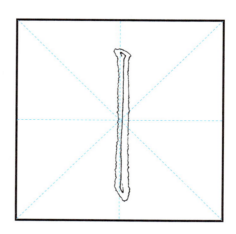

垂露竖：逆锋起笔向上，折锋向右下顿笔；然后急速下行，顿笔要坚定饱满，注意不要出现疙瘩。

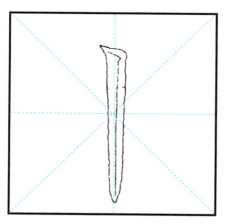

悬针竖：逆锋左上起笔，折笔转锋向右，再向右下顿笔，向下行笔，然后渐行渐提，使笔锋拢向中间，最后出锋。

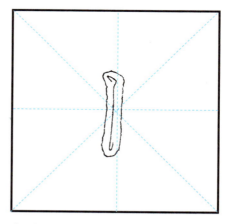

短竖：逆锋起笔，折笔向右下斜向行，垂露收笔，笔画较为均匀。

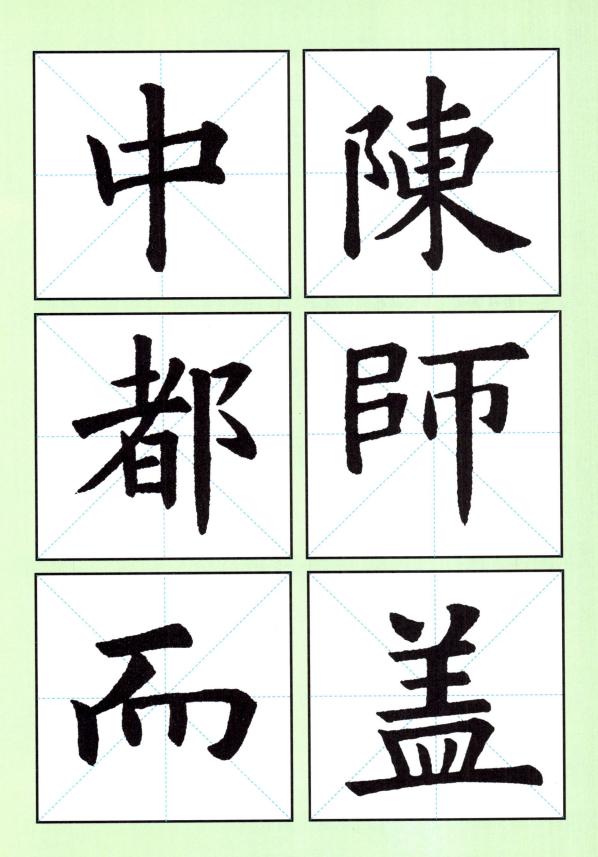

中　陳

都　師

而　盖

七 PART 7
基本笔画——折

折画是由两个行笔方向不同的笔画组合而成的。横折是由横画收笔与竖画起笔相组合构成的。

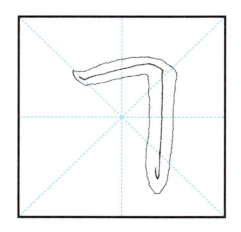

横折：先写长横，然后至折处向右上稍微提笔，向右下顿笔，回笔向左下方折出，最后回锋收笔。

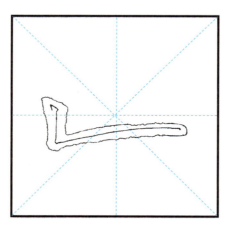

竖折：起笔如短竖，行笔到转折处，提笔略顿，然后折笔转锋写出横画。

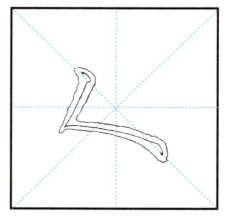

撇折：逆锋起笔，向左下行笔作撇，转折时，按笔作顿，然后折笔转锋提笔收笔。

自 石

北 世

妙 姜

PART 8
基本笔画——撇

撇的样子好像是一把刀，给人锋利快速的感觉，用笔的时候需要尽量用腕部的力量，并和肘、臂协调使用。在书写的时候行笔要快，力量运送到撇尖，要避免行笔僵硬或者是行笔的时候飘浮不定。

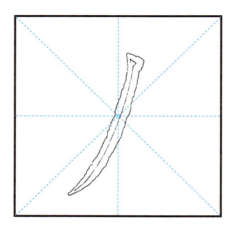

长撇：逆锋起笔向右上书写，折锋的时候稍微向右下顿笔，转锋向左下行笔，渐行渐提，到收笔处提笔出锋。

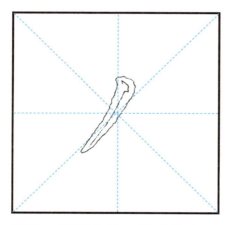

短撇：逆锋起笔，撇头较大，折笔向右稍稍顿笔，转锋向右下渐行渐提撇出，撇锋短劲。

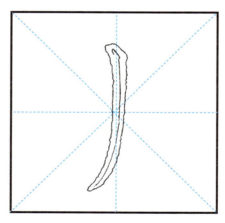

竖撇：逆锋起笔，撇头较大，折笔向右下稍稍顿笔，转锋向右下行笔，渐行渐提撇出。笔锋要送到撇尾。

春 者

彩 化

舟 船

21

PART 9
九 基本笔画——捺

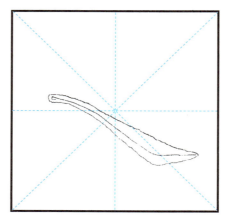

捺画又叫"波"，是因为它的笔势好像是水的波纹。书写捺画要掌握好"一波三折"，起笔的时候稍轻，行笔时渐渐呈波势，书写捺脚的时候重按再收。捺画在字中为主笔，角色很重要，这也体现了其重要性。用四个字总结便是——提、按、顿、挫。

斜捺：逆锋起笔，然后折锋向右，向右下行笔，渐行渐提，到捺脚处略顿笔，然后提笔出锋收笔。

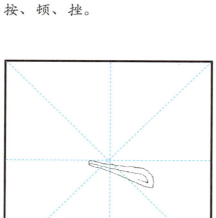

反捺：顺锋起笔，向右下行笔，到捺脚处略顿笔回锋收笔。

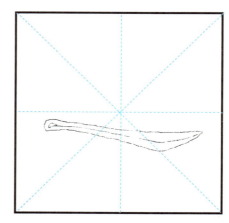

平捺：逆锋起笔，折笔转锋向右，再按笔略向下行笔，取势平坦，到捺脚处顿笔提出，捺脚较大。

PART 10
基本笔画——点

点为基本笔画中最小的、最初的笔画。点又称为"侧"。"侧"有险峻斜侧的意思，就是写点的时候不要太正，要取斜的势态，写出力度和动态的感觉来。点虽然小，但是起笔、行笔、收笔这三个环节缺一不可，须要一丝不苟地按步骤完成。

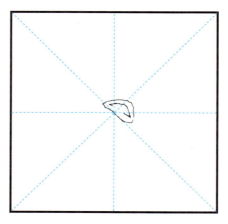

斜点：左上逆锋起笔，折笔转锋向右下铺豪运笔，轻提笔锋向左上回锋收笔。

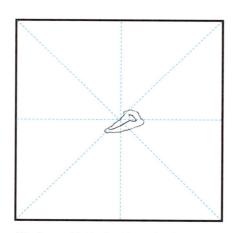

撇点：逆锋起笔，折笔向右下行，然后稍微顿笔，蓄势向左下方撇出。

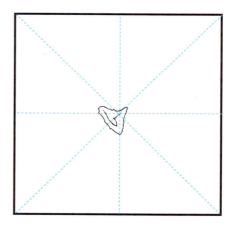

挑点：轻锋落笔，向右下行笔，回锋向左上提笔，渐行渐提。挑锋不要过长。

竟　哀

成　義

慈　金

PART 11

基本笔画——钩

钩是附属笔画，它总是和其他笔画组合构成另一种笔画。它与构成的笔画走向不同。钩好像人的足尖，写勾画的时候力量要聚在锋尖，应该取人起脚踢出之势。当写到钩处的时候，不要立即钩出，而是要顿笔回锋，调整好笔锋后再蓄力钩出，这样写出的钩才丰润饱满，刚健有力。

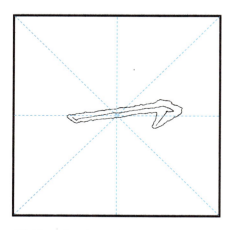

横钩：轻锋向右下落笔，折笔提转中锋向右行笔，到钩处提笔微上向右下顿笔，折笔回锋向左下钩出。

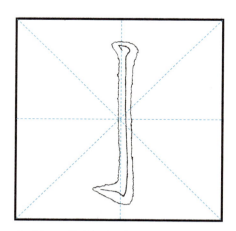

竖钩：藏锋向左上方起笔，折笔转锋向右按，提笔转中锋向下直行，到末端稍微顿笔，蓄势左上钩出。

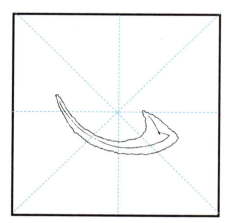

卧钩：尖峰轻落起笔，向右下渐行渐按作横卧势行笔，到钩处轻顿笔，向左钩出。

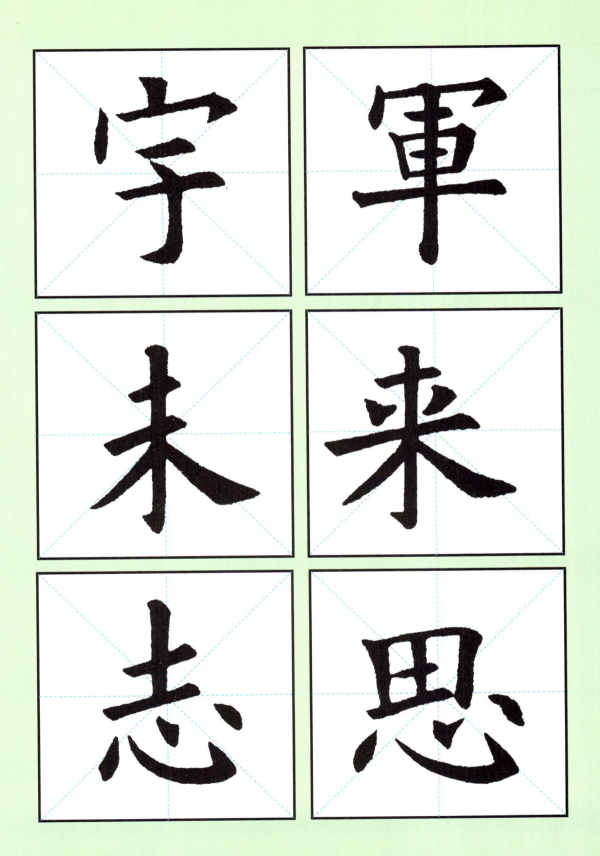

PART 12
基本笔画——挑

书写挑画的时候，应该取左低右高斜出之势。行笔要渐行渐提，行至末端的时候，提笔出锋，要刚健、有力。挑画除了根据在字中位置不同而角度有所不同外，没有太多的形态变化。

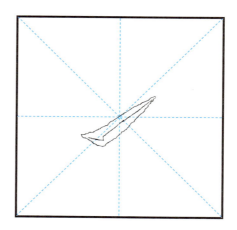

长挑：逆锋起笔，稍微顿笔，转锋向右上行笔，渐行渐提，迅速出锋。

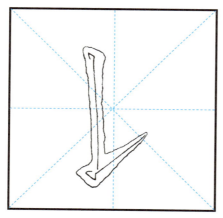

竖提：笔法同长挑，只是笔画加上竖画，出锋更劲力。

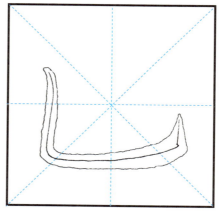

竖弯钩：逆锋起笔，折笔转锋向下中锋行笔，到弯处向右圆折，边行边按向右行笔，至钩处驻笔，向上勾出，钩锋稍大。

28

瑞　地

表　民

光　元

奉勅撰

維貞觀六年孟夏

之月皇帝避暑

乎九成之宮此則

隨之仁壽宮也冠

山抱殿絕壑為池

跻水架楹分巇竦
闢高閣周建長廊
起林宇哦崇臺榭

百尋下臨則崢嶸千仞珠壁交映金參差仰視則迢遞

碧相映照灼雲霞

最斬日月觀其杉

山迴澗窅泰嶽

人從欲之深尤嶽蒸之氣微風徐至於炎景流金無

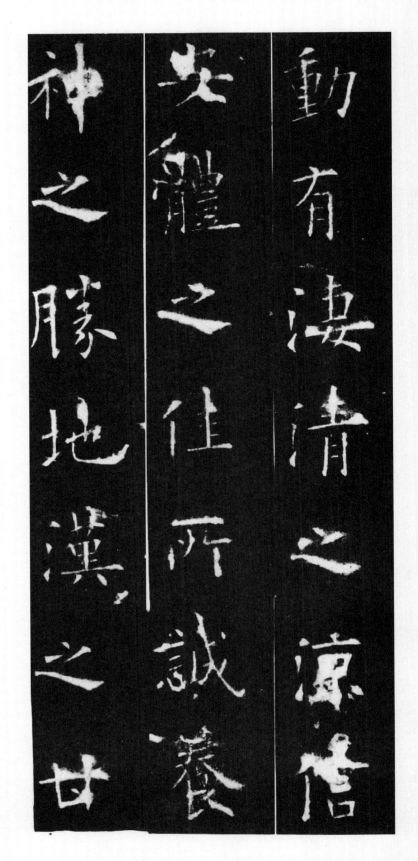

動有凄清之凉信炎體之住所誠養神之勝地漢之廿

臬不服尚此

皇帝愛在翁冠經

營四方遑乎立年

撫臨億兆始以武
功壹海內終以文
德懷遠人來越裳

至南踰丹徼皆歲
琛奉贄重譯來
暨輪臺北玄闕

並地列州縣人兔
編戶氣尅年和述
安逸肅群生咸緣

尊貶平臻雖藉儀之功終資人之畫遺身利

風沐雨爲忠

憂勞成疾同是瘵

之如脂甚爲是之

朕腠針石屢加膝

理猶沸爰居京室

每弊炎者群下請

建離宮庶可悟性聖上鑒一夫之力惜十家之產

深開國柜未賞俯從以為隨民舊宮營於暴代棄之則

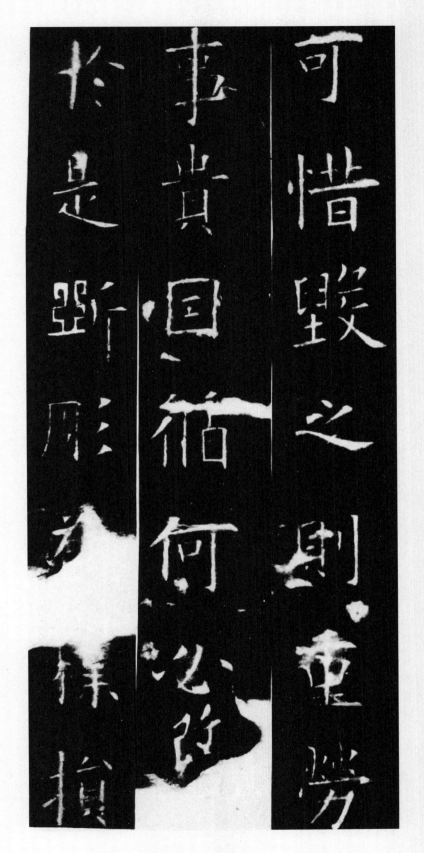

可惜毀之則重勞
事貴因循何必改
於是斷彫為樸損

以沙礫間粉擘以　青其頹壞雜丹堊　之又損去其泰甚

塗泥玉砌接於玉

階芴茨積於摸堂

仰觀壯麗可作鑒

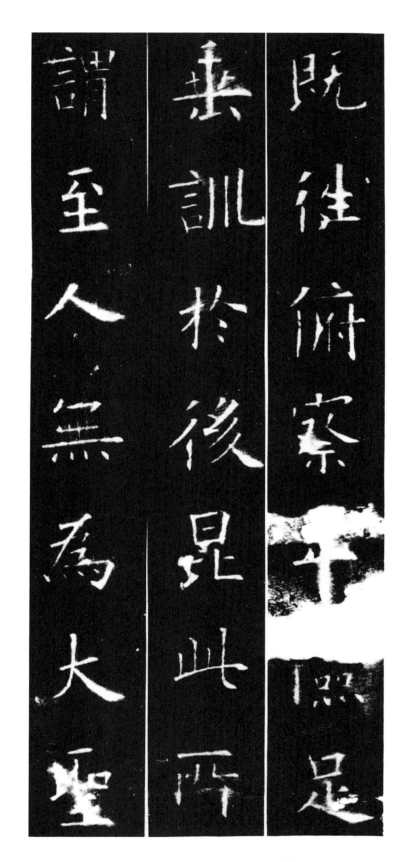

既徍俯蔡于照是
垂訓於後昆此所
謂至今無為大聖

不作彼竭其力我
享其功者也然吾
之池沼咸引谷澗

宮城之内本之水
求而無之在一
物既非人力所致

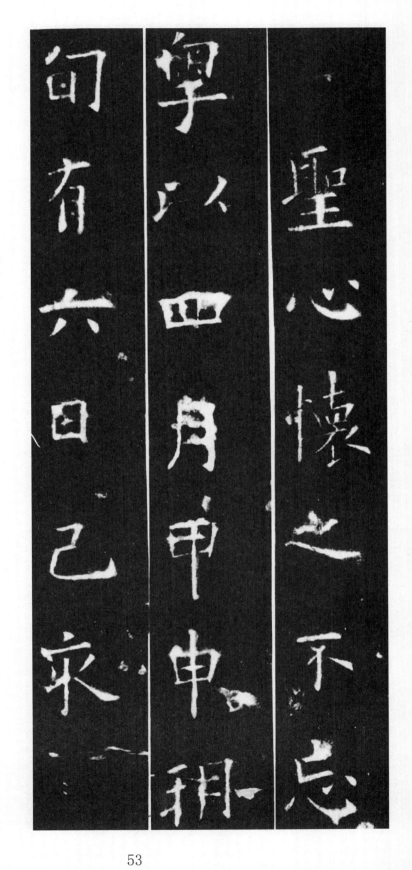

聖心懷之不忘

孚以四月申申耕

旬有六日己家

上及中宮應覽臺觀開少西城之隂躊高閣之瞩察

廊土微覺有潤回
而以杖藥之有泉
隨而涌出乃承汲

石檻引為一渠其
清若鏡味甘如醴
南注丹霄之右東

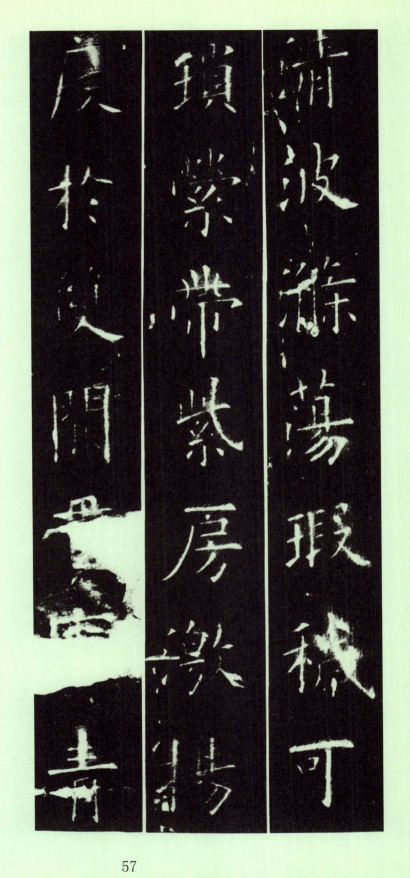

蕭波潚蕩瑕秖可　瑣縈帶紫房欑構　度扵是開戶青

以藥養正性可以

澄瑩心神鑒朗群

形潤生萬物同湛

恩之不習將玄澤
常流匪唯乾
精蓋亦坤靈之

逢榮禕緯云王者

刑殺當罪賞錫當

功得禮之宜則醴

泉出於闕庭鶡冠
子曰聖人之德上
太清下及太寧

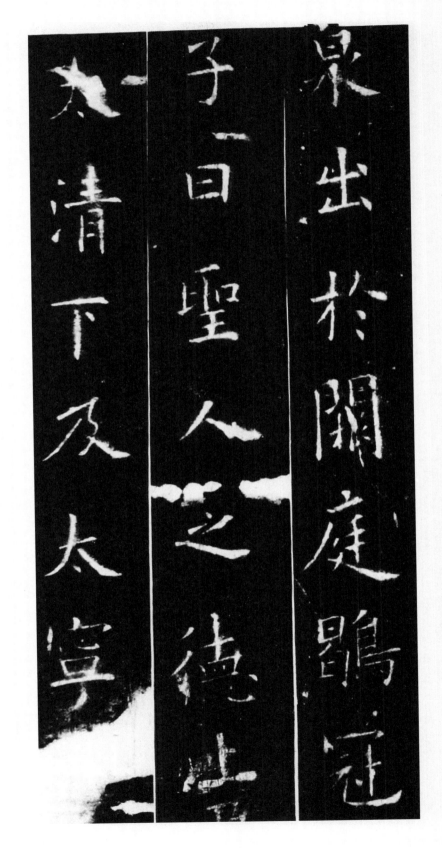

及萬靈則醴泉出

瑞應圖曰王者純

和飲食不貢穀則

醴泉出飲之今
壽東觀漢記曰光
武中元元年醴泉

京師飲之者痏
皆愈然則神物之
来定扶□朗聖覽

可蠲茲沉痼又將

延彼遐齡是以百

辟卿士相趨動色

我后固廈橋槐

而弗有難休勿休

不徒閒於往昔致

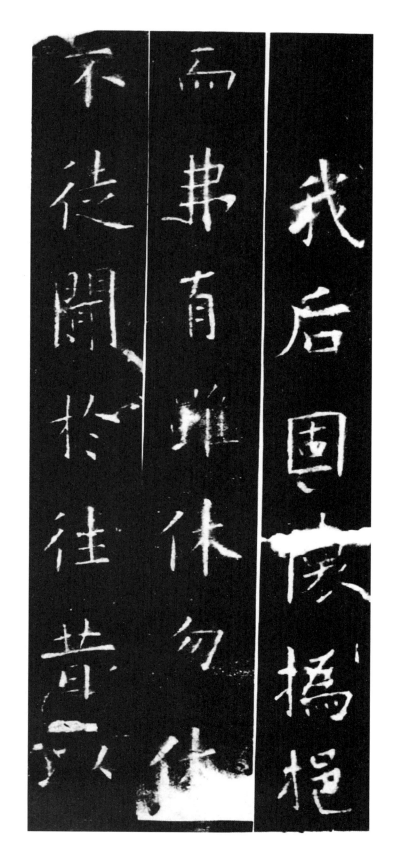

祥為恒資取驗於當今斯乃上帝玄符　天子令德

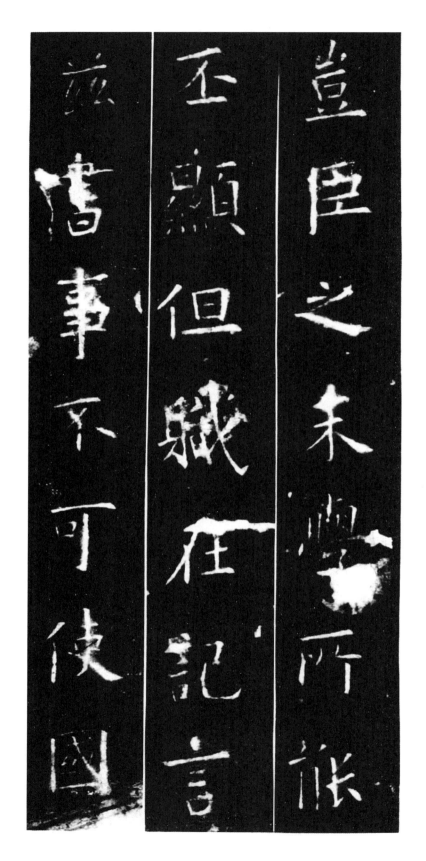

豈侶之未學所帳
丕顯但職在記言
兹清事不可使國

盛美有道典樂敷
陳實錄爰勒斯銘
其詞曰

悔

皇撫運奄壹

宇千載庶期萬物

斯觀切高大齊勤

深怕禹絕後光前

登三邁五握機蹈

矩乃聖乃神武克

禍亂之懷遠人
未紀聞闕不臣
冤並殷琛贊咸陳

大道無名上德不
德玄功潛運幾深
莫測鑒井而飲耕

因而食靡謝天功

安知帝九上天載

無臭纍聲萬類淳

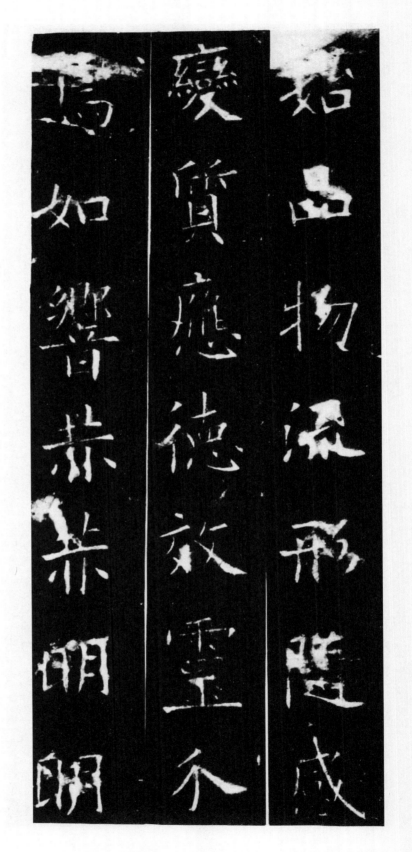

始品物流形隨感

變質應德放靈不

焉如響赫赫明明

雜遝景福瘦蕃繁

祉雲氏龍官龜圖

鳳紀曰舍五色星

三趾頌不似吾筆
然停史上善降梓
上智斯悅流誨潤

下漻渡胘潔落日
體甘冰凝鏡澈用
之曰新杷之無竭

道隨時泰慶興派

我后夕惕雖休

卿休居崇茅宇樂

不服篷黃屋非貴
天下為憂人玩其
華我取其實還淳

及本代文以質居
高思陵林湘哉
兹在兹永保真
吉

燕太子率更令

海昜恒歆陽詢奉

勑書